# *REMERCIMENT*

A M. B**

*PAR M.* Z**

# REMERCIMENT
## A M. B**
AUTEUR DES LETTRES
## SUR LA PEINTURE,
VULGAIREMENT APPELLÉES
## LA CRITIQUE DU SALLON,
*Et imprimées à Geneve en 1750.*

*PAR M. Z***

*Peintre de l'Académie de Saint Luc.*

M. DCC. LI

# AVERTISSEMENT.

IL n'en n'eſt pas des Peintres comme des gens de Lettres. Ceux-ci ſont nourris, exercés dans les combats Littéraires. La critique la plus légere, celle même qui porte à faux, bleſſe ceux-là, & peut les porter au découragement. Quelques Deſſeins Epigrammatiques qu'ils appellent des *Charges*, voilà leurs armes. Ces Deſſeins ne ſont vus ni entendus que d'un petit nombre de perſonnes, peu ou point à portée de détruire les impreſſions déſavantageuſes que font ſur la plûpart des particuliers, les Critiques imprimées de leurs Tableaux. Seroit-on blâmé pour avoir marché à leur ſecours? Leur but eſt l'imitation de la nature. On ne marche ſûrement dans cette carriere qu'avec un guide : mais il arrive que pour trop s'attacher à ce guide, on imite l'imitateur. De là moins de progrès vers le vrai, le beau : c'est sur quoi il paroîtroit essentiel de s'arrêter. Pour le faire utilement il faudroit trouver l'Art d'instruire sans blesser ; &, comme Socrate, de faire sortir du Disciple même ce qu'on voudroit lui enseigner ; de lui faire dire qu'on ne doit chercher que des raisons de conduite dans les modéles qu'on choisit. Il est vrai que la Peinture est la plus sensible de toutes les Muses.

⚜ ⚜ ⚜ ⚜
⚜ ⚜ ⚜
⚜ ⚜
⚜

# REMERCIMENT
## A M. B**
## *PAR M. Z***
*Peintre de l'Académie de S. Luc.*

PLUSIEURS mois se sont écoulés depuis que, par un zele assez rare, M. B** après avoir admiré les Ouvrages de Messieurs de l'Académie Royale de Peinture & de Sculpture exposés au Sallon du Louvre, a bien voulu les honorer de ses avis, leur faire part de ses lumieres. Un service si important devoit faire éclater la reconnoissance de ces illustres Artistes. Ils l'ont senti sans doute; mais ils se contentent d'en parler dans le secret, sans faire attention que le bienfait étant public, la reconnoissance doit-être publique. L'Académie Royale ne sera donc ni surprise, ni fâchée que moi qui suis Peintre & Membre de l'autre Académie, je tâche de rendre à ce généreux & ſpirituel Ecrivain un ſervice, ſinon égal à celui qu'il a rendu à l'Art, & à moi particulierement, de nature au moins à lui prouver que je ne ſuis point ingrat. Je vais prendre ſa défenſe contre pluſieurs perſonnes que j'ai entendu critiquer ſa Critique.

Comme vous, Monſieur, (car il me paroît convenable que je vous adreſſe mon diſcours,) comme vous j'ai fréquenté le Sallon; j'ai ramaſſé ce qui s'y eſt dit, & je veux comme vous en faire uſage, non pour l'avantage de l'Art; c'eſt l'emploi que vous avez choiſi. (*Il ne faut que des conſeils*, dites-vous, pag. 4 & 5. *Nous ne devons pas les leur épargner; c'eſt à nous d'abréger la carriere des Arts? d'en applanir les difficultés autant qu'il eſt poſſible.*) Je ne m'en ſervirai que pour votre avantage perſonnel.

Pour apprendre par moi-même ce que le Public penſoit de votre Ouvrage, je me ſuis aviſé de ne paroître au Sallon qu'avec votre Livre à la main. Ce petit ſtratagême m'a réuſſi. J'étois d'abord entouré, & ſur le champ on parloit de vos Lettres. Comme tous n'y applaudiſſoient pas, car on ne peut plaire à tous, je m'efforçois de répondre aux cenſures. C'eſt ce dont je vais avoir l'honneur de vous rendre compte.

La premiere ſcêne s'eſt paſſée devant le Triomphe de Bacchus, peint par M. Nattoire, & m'a appris que cet habile homme a beaucoup de partiſans. « Quoi, diſoit-on aſſez unanimement, reprocher à ce Peintre » comme le fait M. B** pag. 6, *qu'il » n'eſt pas auſſi louable dans ſon coloris » toujours plombé & livide, & qui dépare entierement ſes plus beaux Ouvrages !* Le Critique à ſans doute » les yeux tout neufs. » Je répondis d'un ton doux que c'étoit prendre la choſe trop à la lettre. Expliquons, dis je, l'Auteur par lui-même; il ajoute peu à près que *ce défaut eſt avantageuſement racheté par un nombre infini de beautés, toutes plus éclatantes les unes que les autres.* Vous avouerez que ceci adoucit le trait. « Bon, s'écria quelqu'un, des beautés éclatantes avec un coloris plombé! l'adouciſſement eſt impayable, le tour » en eſt nouveau! Joignez-y ce qu'il

» dit du Loth & de la Susanne, pag.
» 43, *vigueur de coloris*; & pag. 16,
» parlant de M. de Vermont, l'un de
» ceux qui excellent dans l'Ordonnan-
» ce ou Composition, *le coloris brute*
» *& rougeâtre dont ses Tableaux sont*
» *encroutés*. Comparons ces deux Pein-
» tres avec M. Nattoire; après cela
» que doit-on penser des décisions du
» Critique? » Pour éluder la comparaison proposée, qui n'étoit point de mon goût, je répondis que voulant être utile, sur-tout aux Eleves de l'Art, & trouvant quelque chose à souhaiter dans le coloris de M. Nattoire, vous avez voulu les tenir en garde; & que le vrai moyen d'y réussir étoit de grossir les objets.

« Puisqu'il est question de coloris,
» dit une Dame bien enveloppée de
» sa Pélisse, je ne suis pas fort con-
» tente de l'Auteur des Lettres, voyez
» pag. 11 & 12, ce qu'il dit de la
» Translation des Reliques de saint
» Gervais & saint Protais, & de la
» Continence de Scipion; *un peu ver-*
» *dâtre*, dit-il. A la façon dont il par-
» le des Tableaux d'Eglise de M.
» Restout; grand Artiste, homme sa-

» ge, vertueux ; ne croiroit-on pas » qu'il veut le faire passer pour un » homme qui traite les sujets qu'il » n'aime pas ; & qu'il fait des grima- » ces en les peignant ? Je ne trouve » point le sel de cette application des » vers de Boileau contre Santeuil. » Quelle comparaison ! » Vous avez raison, Madame, lui dis-je, les comparaisons sont odieuses : mais l'Auteur s'est parfaitement justifié lui-même dans son *Post-scriptum*, pag. 31. Il y a bien répondu *aux plaintes de quelques personnes de mauvaise humeur. Quant à la comparaison de Santeuil, on voit bien que ce n'est qu'un badinage.... Je crois bien plus avoir fait mention de son coloris avec éloge.* Il me semble, Madame, que vous devez être contente, & que d'un seul mot il a effacé tout le verdâtre, toutes les grimaces qui vous font tant de peine.

Pendant cette dispute, nous étions insensiblement arrivés au coin ou étoient placés la Vestale & les autres Tableaux de M. Vanloo. « Voyons, » voyons, dit la Dame, comment » M. B** parle de ceux-ci ? » Je lus à la pag. 9, *sa Venus au bain est* *tout à fait intéressante*, *de même que sa Vestale*; *quoique ce dernier Tableau soit un peu sec*. Cela, dis-je, est assez mesuré. « Ayez la complaisance de » lire un peu plus avant, me dit un » Ecclésiastique, il y a à la pag. 10. » *La question étoit de trouver un beau* » *modele de Vierge quelque part*; *mais* » *en bonne vérité ou le trouver?* Joi- » gnez ce qu'il dit pag. 7 de M. Bou- » cher, *son Tableau de dévotion qui* » *est une Nativité*, *est traité de la ma-* » *niere du monde la plus interressante*. » Ne vous y trompez pas; interres- » sante par *l'air fin & séduisant* qu'il » voit pag. 8, *dans la plupart des fi-* » *gures*. Vous trouverez aux pag. 19 » & 20. *C'est sur-tout avec la derniere* » *volupté que l'œil y contemple la fraî-* » *cheur & le beau moëlleux des chairs* » *qui rendent par leur fraîcheur & leur* » *élasticité*, *tout le charme de nud fé-* » *minin. Mais ou ce charme triomphe* » *particulierement*, *c'est dans la Leda* » .... *Je n'ai point besoin de m'éten-* » *dre sur ce Tableau*; *tout le monde en* » *a senti l'effet*; *& il ne s'est point ar-* » *rêté aux yeux*.... encore à la pag. » 19. *Deux Tableaux ne méritent pas*

» *les mêmes éloges, une Paſtorale &*
» *une Solitude : l'un parce que des Moi-*
» *nes & des Rocailles interreſſent peu.* »

Je ſuſpens les réflexions qui furent faites, pour vous dire, Monſieur, que la façon dont cet Eccléſiaſtique a raproché vos textes, me fait craindre qu'il ne prenne avec vous le ton polémique, & qu'il ne vous lance quelque critique amere. Peut-être ne la ſoutiendriez vous pas bien ſtoïquement ſi vous n'en étiez pas prévenu. Voici une partie de ſa tirade, « Votre
» Ecrivain n'a pas l'art de ſe voiler : il
» montre un goût bien décidé pour
» les nudités ; & ce n'eſt qu'à propor-
» tion que l'air galant eſt répandu
» dans les Tableaux qu'il les trouve
» interreſſans. Cette Vierge de cara-
» ctere paſtoral, la Vierge, comme
» il le dit pag. 7, *occupée à détourner*
» *le bruit*, l'interreſſe. Le caractere ſa-
» ge & noble de la Veſtale le porte à
» lâcher un trait contre le ſexe, à
» l'inſulter. La Leda nue & dont il
» trouve les chairs élaſtiques, le tranſ-
» porte, l'embraſe d'un feu qu'il ne
» peu couvrir. Eſt-il étonnant que des
» Moines dans un ſite qui leur eſt

» convenable, ne lui paroiſſent pas » interreſſans ? Un Peintre qui don- » nera par ſes Tableaux des leçons » utiles ; qui entreprendra de tracer » aux hommes les devoirs de leur état, » ſera un Artiſte indigne d'attention. » Mais ſi oubliant le reſpect qu'il doit » au Public ; le reſpect qu'il doit à » ſoi-même ; toute pudeur en un mot. .... La Dame l'interrompit ici, & comme trouvant le ſexe déshonoré par ces nudités, elle dit d'un ton cour- roucé que les éloges plus qu'énergi- ques qu'on en fait, devroient .... Sa bile s'enflammoit à tel point que je craignis qu'elle n'en vînt aux voies de fait. J'eſſayai de la calmer en lui re- préſentant que les nudités en Peintu- re & en Sculpture ne ſont point une choſe nouvelle ; que cet uſage nous vient des Grecs, & ſucceſſivement des Latins : & cependant je ſortois du Sallon. Mais m'arrêttant par la man- che, elle pourſuivit : « Souffroient- » ils que leurs femmes ſe montraſſent » nues ? Non ſans doute, l'hiſtoire des » premiers Chrétiens nous apprend » qu'ils le regardoient comme désho- » norant. Ils n'ont pas exigé cette

» pudeur de leurs Dieux ; nous ne de-» vons pas être plus ſages qu'eux ? » Je ſupprime beaucoup de choſes que cette Dame ajouta, & auxquelles je ne répondis rien pour couper court à ſes cenſures, & m'en débarraſſer. L'Ecclésiaſtique me ſuivit juſques ſur la place, où prenant les choſes d'un autre biais, il me dit : « à ne conſidérer » que l'Arr, l'Auteur des Lettres n'y » penſe pas. Il dit lui-même, pag. » 24 : *ce n'eſt nullement l'objet imité* » *qui plaît en Peinture ; c'eſt ſon imita-* » *tion.* Boileau le dit autrement :

*Il n'eſt point de ſerpent, ni de monſtre odieux,*
*Qui par l'Art imité ne puiſſe plaire aux yeux.*

« L'Auteur a donc raiſon ; le prin-» cipe eſt excellent. Mais ſi les Moines » & leur ſolitude ſont bien imités, il » pêche dans l'application, il a grand » tort de dépriſer ce Tableau. » Je lui tirai ma révérence, m'embarraſſant peu de ces déclamations de dévots. Tout ce qu'ils peuvent dire ne porte pas coup en cette matiere : nous pouvons le laiſſer couler ſans y répondre.

Revenu au Sallon le lendemain, je tirai vos Lettres de ma poche, en affectant un air de triomphe, je lus assez haut pour être entendu de quelques personnes, cet endroit de la pag. 8, où vous dites que *la Peinture & la Poésie se ressemblent; mais l'une est muette, & l'autre à cent façons de s'exprimer; on juge bien par conséquent que la premiere ne sçauroit trop animer, & réveiller ses compositions. Quelqu'abus qu'un Peintre fasse de son esprit, ses fautes ne seront ni si remarquables, ni si vicieuses que celles du Poëte: il aura beau (fatiguer son pinceau,) il est bien sûr qu'il n'en sortira jamais ni Madrigaux ni Epigrammes.* Qui n'auroit pas trouvé là de quoi fermer la bouche aux dévots? Je souhaitois de rencontrer l'Ecclésiastique & la Dame pour leur montrer ce passage. Cependant un jeune homme qui m'avoit entendu, m'apostropha ainsi: « Ou » votre Auteur n'entend pas ce qu'il » dit; ou il se fait illusion, & veut » nous séduire. La Peinture ressem- » ble à la Poésie, cela est vrai; elle a » les mêmes avantages, & peut-être » de plus grands. Ceci posé, les Pein-

» tres, sans *fatiguer* ni leur pinceau » ni leur génie, peuvent faire des Poë- » mes de toute espece. Les Batailles » d'Alexandre peintes par Le Brun, » sont un Poëme Epique. Regardez » chaque Tableau comme un Chant, » un Livre ; vous y trouverez l'Epo- » pée dans toutes ses regles. Vous » voyez tous les personnages dans l'a- » ction ; leurs caracteres vous sont » tracés ; vous voyez leurs intérêts ; » vous entendez leurs discours ; & » certainement ces discours vous affe- » ctent, puisqu'ils sont pris dans vo- » tre fond. Je dis donc que les Pein- » tres étant sûrs de se faire entendre » à l'esprit, & de se faire sentir au » cœur ; ils peuvent autant remuer » les passions qu'un conte de la Fon- » taine ; piquer aussi vivement qu'une » Epigramme de Rousseau. Il pour- » roit arriver au Critique de le sentir » comme le sentit autrefois l'Auteur » du Mercure Galant. Celui-ci avoit » médit d'un Tableau du célébre M. » de Boulongne, qui fit une Estam- » pe représentant Mercure fouetté » par la Peinture, & mit au bas ces » mots : *Ha! ha Galant ; vous parlez*

» *en ignorant!* Si je connoiſſois M. » B**, continua-t-il, je l'exhorterois » à ne plus *fatiguer* ſon eſprit ; à ne » plus aiguiſer les expreſſions ; à laiſ- » ſer à nos Peintres le ſoin de critiquer » mutuellement leurs Ouvrages. C'eſt » aſſez pour lui qu'il s'épuiſe en louan- » ges, qu'il admire *l'air fin & ſedui-* » *ſans de la plûpart des figures* qui com- » poſent le Tableau de la Nativité !

O combien je me repentis d'avoir donné lieu à cette bordée ! Je conduiſis adroitement mon jeune-homme vis-à-vis d'un Tableau de M. Bachelier, dans l'eſpérance que là il adopteroit votre ſentiment ; mais j'y fus bien » trompé. « Hé bien, me dit-il en re- » gardant ce Tableau, votre Ecrivain » adreſſe à ce Peintre d'objets inanimés » la leçon qu'on trouve à la p. 23. *M.* » *Bachelier doit ſçavoir que le grand fini* » *n'eſt pas ce qui touche le plus en Pein-* » *ture ; qu'au contraire le goût a toujours* » *reprouvé ce ſcrupule & cette exactitu-* » *de.* Quoi de plus fini que la nature ? » J'oſerois preſque dire que les Pein- » tres en ſont ici moins les imitateurs » que les copiſtes. Mais pourquoi donc, » dit-il de M. Portail, pag. 37, *ſes*

» *Ouvrages sont assez animés, quoique* » *très-finis ?* D'où vient cette prédi» lection ? Comment ne s'est-il pas ap» perçu qu'il se contredit lui-même » sur le fini ? C'est sans doute par le » grand fini que *des gens intelligens &* » *connoisseurs*, comme il le dit, pag. » 21, *ont été dupes du talent* de M. » Oudry, *& ont pris le change sur ses* » *Ouvrages*. Et que cet Artiste a mé» rité qu'on l'appellât *un Magicien* » *en Peinture*..

Je fis tous mes efforts pour lui faire entendre que vous mettez une grande différence entre bien finir, finir beaucoup, & ce qu'on appelle lescher. Il me paroît clair qu'en approuvant le fini dans M. Portail, & le blâmant dans M. Bachelier ; vous dites simplement à ce dernier, que tout est trop également fini dans ses Tableaux. Je ne déciderai point s'il mérite ce reproche : mais en ce sens je ne puis qu'approuver votre Principe. Quoique la Nature soit également finie dans ses productions, tous les objets qu'un même coup d'œil rassemble, ne nous paroissent pas également finis. Les bons Artistes de toutes les Ecoles ont parfaitement ſenti cette gradation, & n'ont fini que proportionnément à la diſtance des plans. C'eſt ce que je fis obſerver au jeune homme, qui ſans me donner la ſatisfaction de ſçavoir ſi je l'avois perſuadé, me laiſſa environné de Bourgeois & autres gens. Il étoit fête ce jour là; auſſi y en avoit-il de tout étage.

Pour changer de ſituation, j'allai me poſter vis-à-vis de ce beau Payſage dans lequel vous avez remarqué, dites-vous, pag. 10, *des Beſtiaux qui ne le ſont guéres.* Là une groſſe fermiere vêtue de Gros de Tours, s'en prit à moi ſur votre expreſſion. « Manque-t-il quelque choſe à ces animaux ? dit-elle, ils ſont tout comme les nôtres. Peut-être veut-on dire qu'ils ont la phiſionomie bien ſpirituelle; car ce Baudet va tout à l'heure ſe plaindre à vous, Monſieur, de ce qu'on l'a ſi mal enviſagé. » Elle auroit ſans doute continué, & ſe ſeroit livrée à ſes ſaillies; mais une Bourgeoiſe l'interrompit en me diſant » Je ne ſçai comment un homme qui » fréquente les Arts oſe mettre au jour » les traits que M. B** adreſſe au Pu-

» blic. Je ne puis comprendre comment il lui est échapé, de dire, en louant M. Oudry qui le mérite si bien, *non-seulement des animaux (car combien n'y en a-t-il pas dans la cohue du peuple qu'on laisse entrer au Sallon?)* c'est à la page 22. Il voudroit apparemment qu'on n'y laissa entrer que des gens distingués, & des connoisseurs comme lui? Il aura beau *prendre des efforts*, comme il s'exprime pag. 13; nous espérons nous autres Artistes de l'ordre inférieur qu'il ne nous en fermera pas l'entrée. Nous venons ici pour nous former les yeux. Croyez que cette fréquentation influe beaucoup sur nos Ouvrages. Il seroit à souhaiter que tous les Ouvriers sçussent dessiner, jusqu'aux polisseuses de notre Bijouterie; mais il en coûte trop. Au moins en fréquentant le beau, nous devenons plus capables de conserver notre crédit chez les Etrangers, & peut-être d'acquérir la supériorité sur eux. » Votre réflexion me paroît judicieuse, lui dis je Madame, & votre zele pour la Nation très-digne de louanges. L'Ecrivain contre lequel vous vous élevez, montre bien qu'il n'a pas d'autres ſentimens que vous. Il a loué ce qu'il a trouvé beau, principalement dans ce Peintre ci ; rien n'eſt plus fort que ſes expreſſions. Cela dit, je fendis la preſſe, me propoſant de ne revenir au Sallon qu'un jour ouvrable & le matin, afin de pouvoir examiner les Tableaux en liberté, & de n'avoir plus aucun démêlé. Remarquons pourtant que M. Vanloo plaît à tous grands & petits.

Je ne retournai au Sallon que le troiſiéme jour, & j'y entrai à neuf heures préciſes, bien réſolu de ne parler à perſonne. Mais quand on s'eſt donné en ſpectacle, il n'eſt plus poſſible de compter ſur rien. A peine fus-je entré qu'un Chevalier de S. Louis m'aborda avec beaucoup de politeſſe ; « J'admire votre zele, me » dit-il, M. Il n'y a que l'amitié qui » puiſſe le faire monter où vous le » portez. Je ne puis cependant m'em- » pêcher de vous dire que M. B** » n'entend pas aſſez ce que c'eſt qu'Al- » légorie dans la Peinture. Commen- » çons par établir un Principe. L'Al- » légorie dont les Anciens dans leurs

» Monumens & dans leurs Médailles, » nous ont prescrit les regles, est un » sens figuré, lequel doit être concis, » en traçant, pour ainsi dire, au pre- » mier coup d'œil les faits illustres, » ou les choses signifiées ; (car ces re- » gles sont aussi pour les figures sim- » boliques) de façon à laisser à la » postérité une facilité pour quelle ne » soit pas trompée, & qu'elle ne puisse » pas à l'imitation des Sybilles don- » ner plusieurs interprétations à un » sujet qui doit être unique dans son » espece ; *Sibimet ipsi constare.* » Je compris que mon Aggresseur étoit versé dans la connoissance de l'anti- quité, & qu'il m'alloit promener chez les Grecs. Franchement j'eus un peu d'inquiétude pour l'issue du combat: » Ce principe posé, me dit-il, & il » est conforme à tout ce qui nous re- » ste d'anciens monumens tant des » Grecs que des Latins ; le Critique » a grand tort de reprocher à M Du- » mont comme il le fait, pag. 14, » que *son idée n'est pas fort louable....* » *qu'on eut mieux réussi à caractériser* » *la Deesse Santé, en mettant plus de* » *jeu & de légereté dans son attitude.*

» Pour vous convaincre que ce repro-
» che n'eſt pas fondé, voyez Ceſar
» Ripa, ou s'il vous eſt plus facile,
» l'Iconologie qu'en a tiré Jean Bau-
» douin; vous y trouverez à la pag.
» 220, la Santé avec les mêmes at-
» tributs que M. Dumont lui a don-
» nés. » J'y ai bien vu, lui dis-je, pag.
139, la Médecine ainſi caractériſée.
» Cela eſt vrai, répondit-il, mais ce
» qui les différencie n'a point échapé à
» M. Dumont. La Médecine eſt une
» femme âgée; & la Santé une fem-
» me dans la fleur de ſon âge, & telle
» qu'il l'a repréſentée. Que s'il l'a aſ-
» ſiſe; c'eſt que la Santé eſt une ſor-
» te de repos, une continuité de bien
» être. » Mais répliquai-je, en ſuivant
les Anciens ſans s'écarter de leurs rou-
tes on n'acquiert que le nom de Copiſ-
te. Les plus grands Peintres modernes
ainſi que les Poëtes s'en ſont fait de
nouvelles. « A la bonne heure pour
» les Poëtes; ils nomment toujours
» ce qu'ils peignent, ils le décrivent
» ou le peignent tout. Mais les Pein-
» tres & les Sculpteurs qui, principa-
» lement dans les figures ſimboliques,
» n'ont que le caractere de tête &

» l'attitude, ne peuvent montrer, par » exemple, la Santé avec tous ses a» vantages. Contrains de s'arrêter à » ce qu'elle a de principal, de géné» ral, ils se conforment aux Anciens » pour n'être pas inintelligibles. »

Telle fut sa réponse à laquelle j'opposai que les Peintres & les Sculpteurs sont Poëtes aussi, & peuvent orner leurs sujets d'Episodes. Hé! ignorez-vous, ajoutai-je quel tiran c'est que l'usage, la mode? Il me répartit froidement, « il faut le vaincre quand il » nous conduit à ce qui n'est pas sen» sé. » Et passant à une autre question, il poursuivit ainsi. « Je ne pré» tens approuver, ni désapprouver le » jugement que M. B** porte, pag. » 43, de l'Abigail & de la Reine de » Saba de M. de Troy. Il dit que » *le Dessein y est moins châtié que dans* » *ses deux autres Tableaux* & que *la* » *plûpart des figures n'y ont pas cinq* » *têtes de proportion.* J'en prens seule» ment occasion de vous dire que les » proportions calculées ne convien» nent le plus souvent qu'aux Arts » méchaniques. Il semble que les An» ciens, échauffés par leurs Poëtes,

» se sont élevés au-dessus pour don-
» ner du divin à leur Apollon; ils
» l'ont fait d'une nature plus svelte,
» plus grande qu'elle n'est ordinaire-
» ment dans son beau. Pourquoi les
» modernes, principalement ceux qui
» traitent l'Histoire sainte, ne lisent-
» ils pas les Livres sacrés ? Ils y trou-
» veroient que le premier Roi don-
» né aux Hébreux, qui devoit leur
» inspirer le respect & la crainte, sur-
» passoit de toute la tête tous ceux
» du Peuple. Ces Livres disent de Je-
» sus-Christ le Roi des Rois, *Grand
» Roi, vous excellez en beauté par-des-
» sus les enfans des hommes.* * Nous ne
» parlons ici que de la beauté cor-
» porelle dont Publius Lentulus fait
» au Sénat de Rome la description en
» ces termes : *Il est d'une taille grande,
» bien fait & bien formé. Il a l'air doux
» & vénérable. Ses cheveux sont d'une
» couleur qu'on ne sçauroit comparer;
» ils tombent par boucles jusqu'au dessous
» des oreilles, & se répandent sur les
» épaules avec beaucoup de grace; ils
» sont partagés sur le sommet de la tête
» à la maniere des Nazaréens. Son*

* Ps. XLIV. ℣. 3.

» *front*

» *front est uni & large, & ses joues ne*
» *sont marquées que d'une aimable rou-*
» *geur. Son nez & sa bouche son formés*
» *avec une admirable simétrie. Sa bar-*
» *be est épaisse & d'une couleur qui ré-*
» *pond à celle de ses cheveux; descen-*
» *dant d'un pouce au-dessous du menton:*
» *en se divisant vers le milieu, elle fait*
» *à peu-prés la figure d'une fourche. Ses*
» *yeux sont brillants, clairs & serains.*
» *Soit qu'il parle, ou qu'il agisse, il le*
» *fait avec élégance & avec gravité.*
» *Jamais on ne l'a vu rire, mais on l'a*
» *vu pleurer souvent. Il est fort tempéré,*
» *fort modeste & fort sage. C'est un*
» *homme enfin qui par son excellente*
» *beauté surpasse les enfans des hommes.*
» Vous me direz que cette piéce est
» au moins douteuse? Mais qu'impor-
» te à la Peinture & à la Sculpture,
» pourvu qu'elle les conduise à don-
» ner à la figure du Sauveur toute la
» majesté dont l'Art est capable! J'a-
» jouterai que nos Artistes nourris de
» bonnes lectures; (ce qu'on n'a point
» oublié en établissant la nouvelle
» Ecole) sentiroient ce que c'est que
» cette noblesse qu'on trouve dans
» les Tableaux de Le Brun. Elle y

» est dans tout son grand ; tout y est » noble, & les rangs ni sont jamais » confondus. »

Les Scaliger, les Menage, les Dacier m'ont appris qu'il n'est pas prudent de résister aux Savans de leur ordre ; d'ailleurs ce Militaire parloit poliment ; ( & c'est, pour le dire en passant, cette urbanité qui concourt à vous rendre recommandable à mes yeux. ) J'approuvai donc, & mon Sçavant me quitta bien satisfait de sa victoire : mais après m'avoir fait remarquer que vous dites, pag. 35, que *le Caractere de Seneque n'est point selon l'idée que nous en laissent ses Ouvrages* ; ajoutant que « c'est dans l'Histoire » que les Peintres, qui ne peuvent » tout lire, doivent prendre les Cara» cteres. Et que celui qui a peint la » mort de Seneque y auroit appris que » ce Philosophe étoit l'un des plus ri» ches citoyens de Rome, & auroit » en conséquence décoré sa femme & » son appartement. »

Au Chevalier de Saint Louis succéda immédiatement un homme vif que je crois être l'un de Messieurs les Conseillers Amateurs de l'Académie;

tant il étoit blessé de ce que vous dites, pag. 33. *Je vais à l'heure qu'il est vous entretenir d'Ouvrages un peu inférieurs ; & de ceux que j'ai appellés dans ma seconde Lettre du nom de Peintres médiocres*, &c. Je vous avoue qu'il fit sur vous & sur moi une sortie des plus chaudes. Il étoit principalement choqué de ce mot *d'Ouvrages un peu inférieurs*, par lequel, disoit-il, vous raprochez du médiocre tous ceux dont vous avez parlé dans vos deux premieres Lettres. Ses termes furent peu ménagés. Pour vous éviter ce qu'ils avoient de dur, je réduis son discours à ce point. « Vous vous êtes annoncé » comme voulant être utile à l'Art & » aux Artistes ; cependant vous les sabrés presque tous ! Ces MM. n'ont » pour la plûpart d'autre bien que » leur talent ; & vous dégoutez le » Public de leurs Ouvrages ! Si les » Etrangers les font travailler, il suit » de vos raisonnemens que ces Etrangers sont peu connoisseurs : Vous » François, vous avilissez vos Compatriotes aux yeux des autres Nations ! Comment réparer le tort que » vous leur faites ? » Quand il eut jetté tout son feu, je lui présentai vos Lettres à la page 38, où vous dites : *C'est aux opulens de nos particuliers à se rendre dignes de leurs richesses par la protection qu'ils doivent aux talens, qui seule peut leur tenir lieu de mérite; & attirer sur eux la considération des Citoyens.* » Rien n'est mieux que cette exhortation, me dit-il; » Transporté de cet éloge j'allois l'embrasser; mais il ne se prêta point, & continua ainsi : » rien de plus propre que tout ce qui » la précede à en faire tourner tout » l'effet à l'avantage des Marchands » de Tableaux ou Brocanteurs. C'est » de quoi leur faire vendre jusqu'à » leurs Copies originalisées : le plus » sûr moyen de confirmer plusieurs » Riches dans le goût où ils sont de » ne tenir des Tableaux que de la » main des Marchands ; & d'entraîner » dans ce goût ceux qui faisoient tra- » vailler nos Peintres. Enfin les opu- » lens acheteront-ils des Tableaux » diffamés ? » Ce mot prononcé, il me quitta brusquement.

J'avoue que je prends les choses du même biais que cet Amateur. Si Messieurs de l'Académie Royale ne m'approuvent pas en cela, moi qui fais négoce de Tableaux, je me flatte qu'ils ne seront pas unanimes dans ce sentiment. Il est juste que ce qui sert à mon intérét excite ma reconnoissance. De-là vient le zéle avec lequel j'ai défendu les Lettres qui les blessent. Je soutiendrai toujours, & contre tous que cet Ouvrage est bon. Et pour payer à l'Auteur mon tribut de louanges; j'irai jusqu'à dire qu'il nous promet un grand homme. Il est plein de feu; tous ses raisonnemens sont de la derniere justesse; la légereté qu'il reproche à la Nation comme un défaut, est chez lui une perfection; elle tempere la gravité de sa raison & lui fait produire des fruits aussi agréables qu'utiles. Il ne se *fatiguera* point à courir après l'esprit: il le rencontre à chaque phrase.

FIN.

www.ingramcontent.com/pod-product-compliance
Ingram Content Group UK Ltd.
Pitfield, Milton Keynes, MK11 3LW, UK
UKHW021040220726
13924UKWH00001B/438

9 782019 678166